Alphonse de Calonne

# La Grève des mineurs dans le nord de la France

*Essai*

ISBN : 978-1987521801

10  9  8  7  6  5  4  3  2  1

*Alphonse de Calonne*

# La Grève des mineurs dans le nord de la France

*Essai*

# Table de Matières

# Introduction

Si l'on veut, d'un esprit impartial et dégagé de tout autre souci que celui de la vérité, rechercher les causes de la grève des mineurs, hier encore agonisante, dans le bassin houiller du Nord et du Pas-de-Calais, on sera tout d'abord étonné de les trouver en apparence mesquines et mal fondées. Il est permis de se demander si les hommes qui l'ont fomentée n'ont pas encouru la plus grave responsabilité en poussant à la misère tant de pauvres ouvriers, en interrompant le travail industriel sur un point éminemment producteur du territoire français, en détournant, au profit de l'étranger, certaines sources de la fortune publique et privée, et finalement en semant dans un pays déjà trop divisé de nouveaux éléments de discorde. L'étonnement cesse quand on étudie de près la question, quand on soulève les voiles qui en dérobent à la vue les motifs secrets et que l'on scrute dans leurs profondeurs les âmes et les consciences agitées. On remarque alors que cette grève, née sans raison, diffère de toutes les autres, sans en excepter celle de Carmaux, et a pris un caractère particulier plus menaçant et plus dangereux dans les conséquences qu'il peut engendrer. Il convient, suivant nous, d'envisager le fait sans faiblesse, mais aussi sans irritation, et de faire en toute sincérité et justice la part des torts ou des erreurs qui ont pu se produire, soit du côté des ouvriers, soit du côté des compagnies houillères. Ces deux forces ont des intérêts pareils : d'où vient qu'elles soient divisées ? C'est une vérité trop évidente que souvent ouvriers et patrons sont en lutte ; il y a bien à cela quelques raisons, quoique la raison dise en principe le contraire ; sans sortir du cercle étroit que nous nous sommes tracé, nous pouvons essayer de les mettre en relief.

## Section I

Le travail des mines est pénible, dangereux, et, dans une certaine mesure, malsain. Chaque jour, les compagnies, secondées par la science, s'efforcent d'amoindrir les chances de péril, mais elles ne sauraient en modifier les conditions essentielles ; la sécurité dans la descente et dans les galeries est devenue plus grande ; l'éclairage, comme l'aérage, s'est amélioré, et l'heure viendra où, grâce à l'électricité, les explosions de grisou si terribles et si funestes ne seront plus qu'un souvenir. Rien pourtant n'apportera dans les entrailles de la terre cette pure lumière et ce grand air qui donnent au marin, bien plus exposé que le mineur et moins bien payé, un si beau courage et une si vive passion pour son métier. On peut dire sans exagération que, pendant son travail de taupe, la vie du mineur est en quelque sorte suspendue. Pendant huit heures, il semble retranché du nombre des humains. On ne le voit plus et il ne voit plus que ses sombres compagnons de labeur ; il n'entend plus que les coups sourds du pic sur le roc ou sur la veine, le cliquetis agaçant des pelles, le roulement sinistre des wagonnets poussés par les galibots, le pas lourd des chevaux ensevelis comme lui à plus de trois cents mètres sous le sol où poussent le blé et les fleurs. Il n'a plus figure humaine, et ne peut même allumer sa pipe, cette consolation du travailleur. Une allumette, un coup de briquet, c'est la mort. Et la chaleur étouffante qui règne souvent dans ces galeries ! Le corps à moitié nu, la sueur ruisselant et se mêlant aux eaux qui suintent du plafond et coulent sous les pieds, et ces « cheminées » étroites et basses par lesquelles il faut passer en rampant ; et ce froid qui saisit l'ouvrier quand il revient à la surface où il reprend son tricot, et, noir, frissonnant, s'en va par les chemins en courant, les bras croisés sur sa poitrine, afin d'échapper au mal qui le guette pour le terrasser avant l'âge.

Un écrivain a fait de cette vie dure et abrutissante une peinture qui, pour manquer d'exactitude en quelques points, n'est pourtant pas exagérée. Il y a mêlé toutefois des éléments qui ne l'embellissent pas et qui pourraient diminuer l'intérêt dont cette population souterraine est digne. Il nous est commandé par notre propre observation et par notre désir d'être exact en tout point, d'atténuer les trop vives couleurs d'un tableau où l'imagination s'est donné licence. Les mœurs des mineurs n'ont que très exceptionnellement le caractère grossier dont le romancier les a enrichies. Dans les corons, qui sont de grands villages symétriquement bâtis par les compagnies, les maisons sont en quelque sorte de verre ; rien n'échappe aux voisins, et l'on y chercherait vainement cette promiscuité trop coutumière en plusieurs autres professions industrielles. Nous tenons à le dire très nettement, l'ouvrier mineur est généralement un brave homme, très courageux, très bon père de famille. Son intérieur, où l'on rencontre assez souvent une dizaine d'enfants, est propre, bien tenu par la femme qui peut se permettre un peu de coquetterie en raison des gros salaires que touche son « homme ». Le foyer est alimenté par la mine, un poêle de fonte et de tôle fait entendre le murmure de la marmite, le pavé rouge est souvent lavé, le buffet de merisier luit sous le rayon du soleil ou sous la clarté de la lampe à pétrole suspendue au plafond. Quand il rentre du travail, le premier soin du mari est de se plonger successivement toutes les parties du corps dans l'eau pour revêtir ensuite des vêtements proprement entretenus, avant de se mettre à table. Il y trouve de la viande presque tous les jours, ce qui n'arrive guère au paysan qu'une fois par semaine. Sa boisson est la bière ; il ne montre aucun penchant pour le vin, mais il ne saurait se passer de café, qui serait, quoique fortement mélangé de chicorée, une boisson hygiénique, s'il n'avait coutume d'y verser à plein verre une eau-de-vie suspecte qui en détruit le caractère.

Dans les premiers temps de la mise en exploitation des mines du Pas-de-Calais, alors que Courrières, Hénin-Liétard, Carvin, Nœux, Lens et Marles ouvraient leurs premières fosses, la population minière n'existait pas dans la contrée. Il fallut la faire venir du dehors. Nœux, qui appartenait à Vicoigne, que soutenait Anzin, trouva ses premiers ouvriers dans les environs de Somain et de Valenciennes ; il s'y ajouta quelques Belges tentés par un salaire supérieur à ceux des mines de Mons et de Charleroy ; mais ce fut M. Rainbeaux, propriétaire de mines en Belgique, qui peupla de mineurs belges les villages de Marles, d'Auchel et de Calonne. Ce fut le point de départ d'une population minière devenue française et à laquelle vint peu à peu s'adjoindre l'ouvrier agricole, abandonnant la culture, avare de bénéfices, pour le travail pénible, mais plus rémunérateur, de la mine. Au commencement un peu flottante, cette population s'est successivement accrue et fixée. On peut dire qu'aujourd'hui les mineurs sont presque tous Français et nés dans le pays. Il vient encore des Belges, mais eu intime minorité, et ils ne rencontrent qu'une médiocre estime dans les compagnies comme chez leurs camarades.

C'est cette population, désormais indigène et qu'on estime en chiffres ronds à 44000 ouvriers, qui s'est mise en grève. Il est nécessaire d'observer que ce chiffre comprend les ouvriers du fond el de la surface ; or, les ouvriers du fond, qui sont exactement au nombre de 328600, se partagent en deux catégories : les « ouvriers à la veine », employés exclusivement à l'abatage de la houille, et les ouvriers chargés des autres services : chargement, roulage, entretien des galeries. Les ouvriers à la veine, ainsi que leurs auxiliaires, sont à peu près les seuls qui fassent, entendre des plaintes et qui formulent des réclamations, mais ils sont les maîtres du travail de tous les autres. Quand ils chôment, tous, soit du fond, soit du jour, doivent chômer. L'ouvrier à la veine est un chef de bande ou d'équipe. C'est lui qui dirige le travail et qui paie ses auxiliaires suivant le tarif établi : c'est lui qui traite du prix de la berline avec le porion : celui-ci le surveille et le contrôle. La berline est un wagonnet sur rails qui contient cinq hectolitres. Le prix de la berline est variable, comme la difficulté du travail l'est elle-même.

Certaines tailles tombent aisément sous la pointe du pic, d'autres résistent, d'autres s'effritent. Il y a des veines épaisses, il y en a de minces ; quelques-unes sont riches, d'autres sont mélangées de pierres et de schistes. Parfois il faut abattre des quartiers de roches pour dégager la houille. On comprend que dans des conditions de taille si variables il soit très difficile d'établir pour la tache un prix inflexible. Aussi les prix diffèrent-ils suivant les fosses et dans les fosses suivant les veines. Le prix est débattu et fixé pour chaque équipe, mais l'ouvrier est libre de ne pas l'accepter. Le porion est un ancien ouvrier qui s'est élevé dans la hiérarchie par son intelligence et son caractère. Les porions d'une fosse ont au-dessus d'eux un chef porion, lequel est lui-même soumis aux ingénieurs. Jamais les prix de chaque taille ne sont offerts par le porion sans que le chef porion et l'ingénieur en aient eux-mêmes pesé l'équité. S'il se rencontre dans la taille des difficultés imprévues, le porion en tient, compte, et si l'ouvrier a des réclamations à faire, il peut les porter au chef porion et même devant l'ingénieur. Le nombre des ouvriers à la veine est d'environ 9200 dans les mines du Pas-de-Calais.

Sans remonter au temps où le salaire de l'ouvrier mineur ne s'élevait qu'à un franc par jour, il est possible de constater que depuis un demi-siècle il a plus que quadruplé. Que ce résultat ait été atteint par l'ouvrier du plein gré des compagnies exploitantes, il serait invraisemblable de le prétendre ; on peut affirmer toutefois que, les circonstances aidant, quand un nouvel essor de l'industrie imposait une large extraction de produits, les compagnies ne se faisaient pas trop tirer l'oreille pour ouvrir la main et il a été permis de constater que, dans une assez longue période antérieure à 1891, les salaires se sont élevés à une moyenne qui satisfaisait tout le monde. Lorsque le développement considérable, inattendu, inespéré du bassin du Pas-de-Calais amena, par sa richesse même et par l'excellence de ses produits, autant au moins que par la crise industrielle qui pesa sur les cours du charbon, une production qui n'était plus en rapport avec la demande, le travail se ralentit ; on ne demanda plus aux ouvriers des heures supplémentaires, on diminua dans quelques charbonnages le nombre des ouvriers : dans d'autres, pour ne pas les congédier, on les fit chômer un jour, deux jours même par semaine. L'ouvrier se plaignit, se mit en grève pour la seconde fois, et obtint la réunion d'arbitres pour discuter et arrêter les conditions d'une entente qui devait mettre fin à toutes les grèves, à tous les conflits, au grand avantage des ouvriers et des compagnies.

Ces compagnies avaient entre elles formé un syndicat. L'idée d'un syndicat ouvrier devait naturellement naître dans les esprits. L'exemple des patrons était sous les yeux des mineurs, et auprès d'eux ils voyaient déjà fonctionner des syndicats agricoles qui tiraient de la loi de 1884 des avantages très appréciables, bien qu'ils fussent de tout autre nature que ceux qu'on prétendait en tirer dans l'industrie-minière. C'est une chose digne de remarque que l'agriculteur, auquel les auteurs de la loi n'avaient pensé qu'à la dernière heure, quand cette loi, votée par la Chambre, vint au Sénat, fut le premier à en faire usage : c'est que l'agriculteur, bien plus exploité par le commerce que ne le furent jamais les ouvriers mineurs par leurs patrons, soutint vivement le besoin de se défendre contre le fournisseur d'engrais, de semence et d'instruments aratoires, en même temps que contre les coalitions d'acheteurs de ses produits. L'ouvrier mineur, en constituant ses syndicats, poursuivait un tout autre but, l'augmentation de ses salaires. Sous l'inspiration d'hommes intelligents, actifs, ambitieux même, — ce qui n'est pas toujours un défaut, — le syndicat naissant des mineurs du Pas-de-Calais était une force avec laquelle il fallait compter. Que M. Basly, ancien ouvrier mineur, puis cabaretier, ait visé dès l'origine une situation élevée à laquelle il sut atteindre, qu'y a-t-il d'étonnant dans ce phénomène ? Dans tous les temps n'en fut-il pas ainsi ? Favori du prince ou de la multitude, l'homme qui sait se rendre nécessaire ou simplement utile, n'est-il pas à sa place lorsqu'il parvient à se mettre au-dessus des autres ? Dans les mines, l'ouvrier à la veine n'est-il pas un maître et souvent un maître absolu ? Ces ouvriers vigoureux, habiles, doués d'un courage qui va jusqu'à la témérité, constituent une sorte d'aristocratie ; ils exercent une grande autorité sur tous les autres et sont plus largement payés : c'est justice. L'égalité absolue n'est qu'un doux rêve. Si un ouvrier mineur devient le guide et le chef de ses confrères, ce n'est pas sans qu'il y ait pour cela de bonnes raisons. Il en fut une pour le sujet qui nous occupe, c'est que M. Basly fut un vaincu dans la fameuse grève de 1884, à Anzin, en se portant à la défense du travail manuel, L'idée de la supériorité du travail manuel sur le travail intellectuel, pour être une idée sauvage, n'en existe pas moins dans les sociétés civilisées. D'elle découlent la loi de la supériorité du nombre, du droit de la force, des prétentions de la main-d'œuvre sur le produit, la lutte du labeur des bras contre le capital qui est pourtant la somme d'un travail réalisé. Dans toutes les grèves, dans tous les discours prononcés par ceux qui les fomentent ou les entretiennent, vous rencontrez à chaque instant cette idée, qui vient d'un défaut de l'esprit et d'une insuffisante instruction.

Ce fut à Arras, au mois de novembre 1891, que, sous l'action du gouvernement, favorable aux ouvriers, se tint cette assemblée. d'arbitres qui devait dans la pensée de quelques-uns fixer pour longtemps les salaires des mineurs et les unir dans un intérêt commun pour développer une des richesses les plus précieuses du sol français. Dans l'impossibilité pratique d'assigner un salaire fixe pour un travail qui présente des conditions si diverses et si variables, il fut convenu que l'ouvrier à la veine, véritable maître du chantier, recevrait, un salaire minimum fixe d'environ 4 fr. 80, auquel viendrait s'ajouter une prime de 20 pour 100. On avait pris pour base la moyenne des salaires payés durant les années 1889-90, période de prospérité pour l'industrie houillère. Il convient d'ajouter que les journées de travail devant être réduites de dix ou neuf heures à huit heures et demie en y comprenant le temps du repas, c'est-à-dire à huit heures de travail effectif, et que les heures supplémentaires étant supprimées au profit des ouvriers faibles et au détriment des ouvriers forts, la moyenne prise pour base assurait une véritable augmentation du salaire fixe que venaient compléter les 10 pour 100 de prime consentis par les compagnies en plus des 10 pour 100 qu'elles payaient déjà. Les délégués des mineurs qui réclamaient une augmentation de 20 pour 100 s'estimèrent donc heureux d'en avoir obtenu la moitié avec un minimum de paye qui semblait dépasser toutes leurs espérances. Cependant ils furent accusés par quelques-uns de leurs commettants d'avoir fait trop de concessions, d'avoir conclu un marché de dupe ou, tout au moins, de n'avoir pas rendu la convention irrévocable. Ils l'avaient bien tenté, mais il parut impossible aux ingénieurs de l'Etat comme aux agents des compagnies d'accéder à un désir qui, s'il s'était réalisé, aurait tendu à interdire aux houillères françaises toute concurrence avec les houillères étrangères, où le prix de main-d'œuvre est variable.

Tel est en résumé le fameux compromis d'Arras dont il a été tant parlé depuis deux mois et qui a servi de point de départ pour les récriminations que les syndicats du Nord et du Pas-de-Calais ont si bruyamment formulées. Les compagnies avaient ajouté qu'elles apporteraient tous leurs soins à réprimer les abus qui avaient pu se produire dans la distribution du travail, dans les réductions opérées sur le nombre des berlines reçues, sur les amendes frappées par les porions soit pour les absences non motivées, soit pour charbons sales, soit pour infractions à un règlement qui doit être étroitement respecté dans l'intérêt de la mine et plus encore pour la sécurité des ouvriers. Afin de faire bien comprendre le jeu des salaires, les motifs de plainte des ouvriers et les objections qu'y opposent les compagnies, il n'est pas inutile de descendre dans la mine et de montrer comment le travail s'opère, comment les comptes s'établissent et à qui incombe le plus souvent la responsabilité des diminutions dans les moyennes.

Nous avons dit que l'« ouvrier à la veine », le chef de coupe ou de taille était le maître de son personnel, le maître absolu : et l'on voudra bien remarquer que dans les grèves il ne s'agit guère que de lui et des ouvriers faits qui travaillent sous ses ordres. Ces ouvriers sont payés par lui, par conséquent sous sa dépendance. Il y a bien une sorte de tarif, ou plutôt de règle admise que les hommes qui travaillent sous ses ordres auront un salaire de 1 à 2 francs inférieur au sien, mais ce n'est pas la mine qui règle ces marchés ; ils sont débattus entre les intéressés, et bien souvent le chef de coupe ne les fait connaître à personne. Les conditions d'ailleurs varient suivant les mines. Généralement les ouvriers de la taille se partagent également le salaire après que les auxiliaires ont été payés. La mine se borne à fixer au commencement de chaque quinzaine le prix de la benne ou berline. Ce prix diffère suivant les difficultés du travail ; il sera de 30 centimes par berline, de 40, de 60, 75, 80 centimes ou même de 1 franc suivant qu'il aura été fixé par le chef porion après avis et contrôle de l'ingénieur de la fosse. Si le chef de taille n'accepte pas ce prix, il peut en référer à l'ingénieur et demander à changer de coupe. Si dans le cours du travail des accidents se manifestent dans la taille, l'ingénieur consulté ne refuse jamais une indemnité qui compense la durée plus grande du « dépilage ». La berline contient cinq hectolitres. Depuis que l'acier a été substitué au bois dans la construction des berlines, la capacité s'est légèrement augmentée, mais jamais elle n'a atteint six hectolitres comme le prétendaient les orateurs du syndicat. Il est d'ailleurs toujours tenu compte des différences. On admet assez couramment qu'une équipe de quatre ouvriers avec un « hercheur » ou chargeur et un apprenti peut fournir, suivant la puissance de la veine, de 40 à 60 berlines par jour. Le « hercheur » est payé sur la masse 3, 4 ou 5 francs par jour suivant les conventions faites avec le chef de coupe. Que les hommes de la veine reçoivent peu ou beaucoup, son salaire est fixe et régulier. L'apprenti reçoit, suivant son âge, 1 ou 2 francs de moins que l'ouvrier. Pour devenir ouvrier à la veine il faut avoir été au moins un an « hercheur » puis apprenti. L'apprentissage consiste surtout à dégager le charbon du dessus et du dessous des terres et pierres qui s'y trouvent mêlées ; c'est le travail de la « rivelaine » ; à percer de côté les trous pour faire jouer les mines et en dernier lieu à apprendre à « boiser ». Le « boisage » est une opération importante qui consiste à soutenir par des bois les plafonds et les murs. Il est inutile de dire que ces six ouvriers se prêtent au besoin un mutuel concours. Quand une berline est pleine, le wagonnet est poussé sur les rails jusqu'à l'accrochage, c'est-à-dire jusqu'à une galerie où circulent les chevaux. La berline s'accroche avec d'autres à la « rame » que traîne le cheval ; le tout est conduit au puits d'extraction. Le « rouleur » aussi bien que les conducteurs de chevaux est payé à la journée par la compagnie. S'il a besoin d'une aide, c'est le « galibot » qui la lui prête. Le « galibot » est un garçon de 12 à 16 ans qui est le véritable commissionnaire de l'équipe. Les veines sont inclinées ; la voie de fond qui mène à la voie de cheval est horizontale. Il y a des treuils pour franchir les rampes ; c'est le « galibot » qui les fait mouvoir. Le niveleur a besoin d'un auxiliaire pour traîner sa chaîne, pour porter ses instruments ; cet auxiliaire, c'est encore le « galibot ». Dans toutes les galeries il y a des portes que l'on ouvre ou que l'on ferme à volonté pour modérer ou pour activer l'aération ; c'est le « galibot » qui ouvre ou ferme suivant les ordres qu'il reçoit du chef. Ce jeune garçon touche suivant son âge un salaire fixe qui ne s'élève que rarement à 2 francs. A l'accrochage, le « marqueur » prend note des berlines qui sont ensuite enlevées et portées au jour par les machines où elles sont reçues par un employé. Si le charbon est propre, il est versé sur le « carreau » : s'il est « sale », mélangé de terre, de schiste ou de pierres, la berline est frappée d'amende ou confisquée. Dans ce cas, elle va grossir un tas où les filles et les femmes qui ne descendent plus dans les fosses gagnent un modeste salaire à le purger de ses impuretés. Les charbons sales sont funestes aux compagnies : ils sont refusés par les clients et entraînent parfois la résiliation des marchés ; ils font peser sur la mine une mauvaise réputation et peuvent amener sa ruine. On comprend que les compagnies se montrent très sévères dans ce contrôle. Si elles n'avaient en main ni le droit d'infliger des amendes ni le droit de confiscation, elles devraient bien vite congédier les ouvriers qui lui font remonter des pierres au lieu de charbon.

Il est aisé de voir maintenant comment s'opère la distribution des salaires de la tâche. Quand à la fin de la quinzaine le chef de l'équipe a louché sa masse et qu'il en a distrait le salaire fixe du hercheur et de l'apprenti, il partage ce qui reste avec ses ouvriers, également ou suivant les conditions consenties.

La berline qui contient cinq hectolitres, comme nous l'avons dit, ne peut être payée un prix absolument fixe pour toute la fosse ; nous en avons exposé les raisons. Afin que l'ouvrier favorisé d'un bon lot n'écrase pas l'ouvrier mal partagé ; par son gain exagéré qui ferait monter la moyenne pour les uns et la ferait diminuer pour les autres, le porion modère l'activité du premier et s'efforce de donner au second des compensations. Malgré ces précautions, les salaires ne sont pas égaux entre les ouvriers à la veine. Si le plus grand nombre ne dépasse guère le chiffre de 6 fr. 76 par jour, il en est à notre connaissance qui atteignent jusqu'à 10 francs. A Anzin beaucoup d'ouvriers touchent 9 francs par jour ; ajoutez-y le médecin gratuit, le chauffage gratuit, l'avantage essentiel que lui assurent les Sociétés coopératives où il s'alimente à prix réduits, la maison dont le loyer dépasse rarement de 30 à 60 francs par an, et la pension qui l'attend s'il est un ouvrier fidèle. Anzin est un modèle dans le Nord comme Lens en est un dans le Pas-de-Calais, mais presque toutes les compagnies suivent leur exemple, plusieurs même ont supprimé les retenues pour la caisse des pensions, Bruay entre autres ; la dotation en est prélevée sur les bénéfices. Dans les autres charbonnages, elle est alimentée par le produit des amendes. Quand on veut dégager la somme payée par quinzaine à l'ouvrier de la veine, chef d'équipe, il faut prendre le prix de la berline, le multiplier par le nombre de berlines remontées et reçues au jour, et multiplier ce chiffre par le nombre de journées de travail. On voit que cette opération ne peut être sérieusement faite que sur place et que tous les calculs auxquels nous pourrions nous livrer seraient vains. Cependant si nous prenons les chiffres fournis par le journal de Lille, *le Réveil du Nord*, qui passe pour être l'organe des Syndicats, et qui défend d'ailleurs très vivement leur cause, nous rencontrons les assertions suivantes : dans une des concessions du Pas-de-Calais « le prix moyen de la berline serait de 28 centimes ; une bande de cinq ouvriers produit en moyenne 32 berlines par jour » ; ce qui donnerait, pour cinq hommes, une somme de 8 fr. 96 à partager ; or comme l'ouvrier prend sur cette masse le salaire fixe de deux auxiliaires, mettons 7 francs seulement pour les deux hommes, le hercheur et l'apprenti, il va rester pour les trois ouvriers à la tâche 1 fr. 96 à partager. Et le calcul ne s'arrête pas là. En deux jours la compagnie a confisqué ! 35 berlines comme charbons sales et a frappé l'équipe de 35 amendes à 2 francs. C'est 70 francs à retrancher de 1 fr. 96 ou plutôt c'est 1 fr. 96 à retrancher de 70 francs ; au lieu de toucher un salaire et d'en distribuer un à ses compagnons, « l'homme à la veine » devra rapporter à la compagnie une somme de 69 fr. 04. Si le calcul est exact, pour descendre dans les mines et exercer le rude métier » d'ouvrier « à la veine », il faut être millionnaire.

Notre observation n'a pas pour but de démontrer combien sont inexactes les allégations du calculateur, mais combien il est vain de chercher en dehors des renseignements précis, que peuvent seules fournir les comptabilités des sociétés, la moyenne des salaires payés au mineur, et l'on comprend que, pour échapper à ces exagérations, nuisibles à sa cause, celui-ci ne se contente pas, pour établir ses comptes, d'une simple fiche volante et qu'il réclame un carnet personnel où son salaire sera inscrit en détail ainsi que son décompte. Pour aller au-devant de toute objection touchant la sincérité ; des écritures des sociétés, il nous suffira de rappeler qu'elles sont soumises, pour les redevances à payer, au contrôle de l'Etat et que ce contrôle est exercé par des hommes que leur grand mérite et leur haute capacité met à l'abri de tout soupçon. Les rapports de courtoisie et de gens bien élevés qu'ils entretiennent avec les administrateurs des concessions houillères ne leur enlèvent ni un grain d'indépendance ni un atome de bienveillance pour les ouvriers. Tout au plus pourrait-on désirer qu'ils descendissent plus souvent dans les puits, mais il leur serait peut-être difficile d'en trouver le temps nécessaire dans un centre houiller qui s'étend chaque jour et au milieu des travaux qui leur sont imposés.

## Section II

Avant d'exposer la première phase de la grève, il est bon de faire connaître la situation de l'extraction houillère, dans le Pas-de-Calais. Sans en résumer l'histoire, que chacun peut lire dans le livre de Murat, rappelons seulement que la houille, dont l'existence dans le Pas-de-Calais était soupçonnée depuis longtemps et indiquée par la science, fut découverte durant une opération de sondage dans le parc du château d'Oignies, appartenant à Mme de Clerq. Les sondages se multiplieront aussitôt dans les environs, et les résultats qu'ils donnèrent dépassèrent toutes les espérances. De 1851 à 1857, Courrières, Nœux, Dourges-Hénin-Liétard, Lens,

Bethune, Bully-Grenay, Carvin, ouvrent leurs premiers puits. C'est le centre du bassin. A l'extrémité ouest, Marles et Bruay n'ont pas attendu le succès ; ils l'ont provoqué dès 1852. Meurchin n'arrive en ligne qu'en 1857, Liévin en 1862, Drocourt en 1878. Ces trois dernières concessions demeurent longtemps improductives et absorbent leurs premiers capitaux. Il en est de même d'Ostricourt et de Vendin-lez-Béthune. Quant à Ferfay, concession déjà ancienne, mais d'une étendue trop restreinte, elle ne peut guère compter, et moins encore Fléchinolle, qui ne fait pas ses frais. Pour mémoire seulement nous inscrivons ici le nom de la concession la plus ancienne du département, Hardinghem, dans le Boulonnais. En 1892 toutes ces mines ont fourni à la consommation 9826524 tonnes.[1] Devant ce spectacle de richesse minérale sortie de terre si subitement, le Nord ne devait pas demeurer inactif, et bientôt le célèbre bassin d'Anzin se trouvait relié au bassin du Pas-de-Calais par les concessions d'Aniche, de Douchy, d'Azincourt, de l'Escarpelle ; en réalité les deux bassins cessaient d'être distincts et n'en formaient plus qu'un.

Le compromis d'Arras, accepté par toutes les mines, même par celles qui n'y étaient pas représentées, n'avait pas satisfait tous les ouvriers. Beaucoup prétendaient qu'on avait laissé échapper l'occasion de tirer de plus grands avantages d'une situation où le gouvernement était intervenu avec l'intention évidente de forcer

1 Voici le relevé, mine par mine, de la production de la houille dans le département du Pas-de-Calais en 1892 :

| | tonnes | | tonnes |
|---|---|---|---|
| Dourges | 621661 | Report | 8118672 tonnes |
| Courrières | 1397885 | Liévin | 699631 |
| Lens et Douvrin | 2105481 | Vendin-lez-Béthune | 94602 |
| Bully-Grenay (Béthune) | 1117510 | Meurchin | 278370 |
| Noeux | 1019635 | Carvin | 202877 |
| Bruay | 918203 | Ostricourt | 133100 |
| Marles | 694 552 | Drocourt | 296264 |
| Ferfay | 223759 | Hardinghem | 3008 |
| Fléchinelle | 19986 | TOTAL | 9826524 |
| A reporter | 8118672 | | |

la main aux compagnies. Le syndicat du Pas-de-Calais, qui avait M. Basly pour président et M. Lamendin pour secrétaire général, acquit de ces dires une grande force ; dès 1892, il se préparait à renouveler la lutte et parvenait à réunir sur ses listes d'adhérents la majeure partie des ouvriers. C'était, au sein de la démocratie ouvrière des mines, une aristocratie qui se formait et qui prenait hardiment la direction des esprits. Il n'est pas près de luire, le jour où l'envie sera bannie de la terre. Des ouvriers intelligents avaient quitté la mine pour d'autres professions ; ils se sentaient humiliés de voir autour d'eux des fortunes s'élever, de petits ingénieurs devenir de grands personnages, des actionnaires se bâtir des châteaux, des directeurs recevoir de gros appointements ; niais rien ne les touchait plus vivement que de se sentir dirigés, contenus et parfois molestés par d'anciens camarades devenus porions, chefs porions ou employés supérieurs dans l'administration. Ces blessures d'amour-propre ne se pardonnent pas. Il est juste d'ajouter que souvent les administrations minières avaient abusé de leur autorité pour peser sur les ouvriers dans les élections communales ou politiques. On n'a pas oublié le temps où les porions conduisaient leurs hommes au scrutin et leur remettaient à la porte des comices le bulletin qu'ils devaient déposer dans l'urne. Ces temps-là sont loin de nous. Ce ne sont plus les agents de la mine qui mènent les hommes au scrutin, ce sont les délégués du syndical, et l'on peut affirmer que, pour ne pas être plus libres qu'autrefois, ils sont encore plus étroitement surveillés. Le troupeau n'a fait que changer de berger.

Parmi les plaintes secondaires que dans les nombreuses séances du syndical les délégués ont fait entendre, il en est une qui continue ce que nous venons d'exposer. Ils demandaient un peu plus de respect de la part du chef envers les ouvriers qu'il commande. Ce respect que l'ouvrier veut avec raison obtenir pour lui-même, il serait désirable qu'il l'accordât aussi à ses chefs ; ce n'est pas l'ordinaire, croyons-nous. Si nous prêtons l'oreille aux discours qui se font entendre, nous y recueillons les plus grossières injures qu'un homme puisse prodiguer à un autre homme. Les mots sont même détournés de leur sens, et on leur fait subir une torture injurieuse ; quand on les applique à ces chefs dont on réclame le respect. Les ouvriers qui ne travaillent pas sont des courageux, des braves ; ceux qui travaillent sont des « fainéants » des traîtres. Il est loyal et juste d'empêcher les camarades de descendre dans les puits ; il est déloyal et criminel aux agents des compagnies de les engager à y descendre ; ce sont « manœuvres odieuses ». Ceux qui se mettent deux cents pour contraindre les autres à faire avec eux des patrouilles remplissent leur devoir, ceux qui résistent et s'exposent aux coups des grévistes sont des lâches. Les directeurs de mines sont des « exploiteurs », eux et leurs actionnaires sont des « videurs ». Ces violences de langage émaillent les harangues prononcées depuis le commencement de la grève ; elles ne justifient pas les porions et autres agents qui traitent un peu trop leurs subordonnés comme ils ont été traités eux-mêmes avant de s'élever au rang de chefs. En général, ce sont des ouvriers de choix qui arrivent à ces postes de confiance, mais ce sont des hommes, et ils ont été élevés dans un milieu d'où l'urbanité est bannie. Ils ont des luttes continuelles à soutenir, des débats irritants à engager, une responsabilité souvent redoutable à préserver. On ne se doute pas, quand on a les pieds aux chenets, quels combats le porion doit soutenir pour faire réparer un boisage fléchissant sous le poids des terres qui peuvent ensevelir toute une équipe, ou plus simplement pour empêcher un ouvrier téméraire d'ouvrir sa lanterne ou de battre le briquet pour allumer sa pipe. Que des gros mots soient prononcés, que des ordres soient donnés avec vivacité, avec colère, que le « respect » pour l'ouvrier soit oublié, faut-il s'en étonner ? Il vaudrait mieux que le langage fût poli ; mais peut-être ne serait-il pas efficace.

Ces piqûres d'amour-propre ont à coup sûr, aussi bien que l'envie, exercé leur lourde influence sur la grève ; mais elles n'en ont pas été les causes déterminantes. Le terrain était préparé, mais la semence n'était pas répandue. Aux approches des élections législatives on a commencé à parler de salaires et en même temps du double livret. Ce fut le mot de ralliement. Le bruit courut dans les corons que la convention d'Arras était violée par les compagnies, que les salaires avaient diminué, et que partout la grande grève, la grève générale, internationale, allait mettre les ouvriers de tous les métiers, dans tous les pays, en mesure de faire triompher leurs « revendications ». Ces bruits étaient répandus par les agents des deux syndicats du Pas-de-Calais et du Nord, avec cette réserve, toutefois, qu'il ne s'agissait pour eux que de conquérir une augmentation de salaire en même temps qu'une meilleure distribution du travail. Bref, on affectait de ne poser que la question économique. Si, dès le début, on y avait ajouté comme corollaire la question sociale, le coup eût été manqué, les ouvriers qui ne sont pas socialistes et qui n'entendent rien à ces théories des diverses écoles, se fussent refusés à la grève. Mais dès qu'il s'agissait d'une augmentation de salaires, l'accord se faisait naturellement. Qui donc refuserait d'augmenter ses revenus ? La chose était facile, il suffisait de réélire M. Basly député, et de nommer MM. Lamendin et Moché. M. Moche est le président du syndicat des mines du Nord. Ce dernier échoua, mais les deux autres candidats furent élus à une majorité éclatante. Personne dans le pays n'en fut surpris. Ce qui eût été surprenant c'est qu'ils eussent échoué ; 44000 électeurs attendaient d'eux la manne céleste. Cette manne promise, espérée, il fallait la leur donner. Ici naissent les difficultés. La situation est-elle favorable aux prétentions nouvelles de la population minière ? Les charbons, depuis deux ans, sont en baisse constante ; les pays voisins, l'Angleterre, la Belgique, ont diminué leurs salaires, l'Allemagne les maintient à un taux inférieur à tous les autres. Suspendre le travail en ces circonstances, n'est-ce pas courir à un échec, n'est-ce pas appeler en France les charbons étrangers ? D'un autre côté, les mineurs anglais décident de se mettre en grève, les Belges promettent d'en faire autant. Si l'Angleterre et la Belgique se soulèvent, l'occasion, pour les mineurs français, est unique : il faut la saisir.

Il semble qu'à ce moment MM. Lamendin, Basly et les autres chefs des syndicats durent éprouver d'assez vives appréhensions et craindre de s'engager trop légèrement dans l'action. Au Congrès international des mineurs, tenu en mai à Bruxelles, la question d'une grève générale des mineurs avait été agitée, mais si elle avait été résolue : par l'affirmative, elle demeurait soumise à certaines conditions qui pouvaient ne pas se réaliser, en juillet, à Paris, la même question fut posée à la Bourse du travail, mais plus large et devant s'étendre à toutes les industries. Elle parut prématurée et fut ajournée. D'autre part, les premiers instigateurs des « revendications » durent se demander si une grève partielle tentée dans ces circonstances, si étendue qu'elle fût, même si l'on parvenait à y englober Anzin, aurait chance de réussir ; si, comme on le prétendait, les grandes industries, la navigation, les chemins de fer possédaient des approvisionnements suffisants pour cinq ou six mois ; si, de leur côté, les sociétés minières dont les « carreaux » étaient depuis un an encombrés de produits ne pourraient pas les écouler assez avantageusement pour que le chômage même prolongé ne leur fît subir aucune perte. Les grèves de Belgique et d'Angleterre ne prenaient pas le caractère général qu'on leur avait un peu gratuitement prêté. Obligé pourtant de se soumettre au mouvement d'opinion qu'il avait créé, le syndicat du Pas-de-Calais fit mine de s'aboucher avec les compagnies. Le syndicat des patrons après le compromis d'Arras s'était dissous ; il fallait négocier avec chacune des administrations particulières. Les délégués portèrent, là où l'on voulut bien les écouler, des doléances qui touchaient particulièrement à deux points : la prétendue inexécution des conventions de 1891, quant aux salaires, et la remise chaque quinzaine au syndicat d'un double du carnet de paye des équipes ou chantiers. Les compagnies refusèrent unanimement de satisfaire à ces deux réclamations. La tentative amiable avait échoué ; si la grève éclatait, ce serait la faute des compagnies. On leur avait demandé la lune, elles avaient refusé de donner la lune : le syndicat était, couvert. Il n'avait pourtant pas attendu leur réponse pour préparer le champ de bataille et fourbir les armes. A la fin d'août, une circulaire du syndicat du Pas-de-Calais est adressée aux ouvriers pour les engager à modérer leur travail pour que les houillères françaises ne puissent suppléer aux charbons anglais dont les arrivages vont diminuer à cause de la grève qui sévit en Angleterre. On croirait que nous inclinons à la calomnie, si nous ne citions cette pièce curieuse qui est signée par MM. Basly, Lamendin, Evrard et Norman. « Les mineurs d'Angleterre, dit-elle, se sont unis pour une grève formidable. On voulait leur imposer une diminution de salaire de 25 pour 100. Leur cause est la nôtre. Ils sont 500000. Leur caisse de résistance possède 25 millions. Ils ont la possibilité et la certitude de vaincre. Mais pour cela il faut le concours de leurs frères du continent. Déjà les Belges réclament une augmentation de 10 pour 100. Les concessionnaires du Nord ont emmagasiné des stocks importuns. Cette provision sera vite épuisée ; on vous dira qu'il faut profiter de la situation.

Ne vous laissez pas leurrer. Appliquez-vous à conserver la stabilité de la production. Peu vous importe que l'industriel soit à court de chauffage et le paie plus cher. N'extrayez pas une benne de plus. La baisse des salaires en Angleterre, ce serait la baisse des salaires en France. » Il faut reconnaître que, serré d'un côté par le parti socialiste auquel les deux députés du Pas-de-Calais ont cru devoir se rattacher pour en obtenir l'appui et le concours, et d'un autre côté par les aspirations éveillées parmi les mineurs durant la période électorale, les chefs du syndical n'avaient guère le choix des moyens pour satisfaire les uns et les autres. Etaient-ils de bonne foi en signant cette regrettable circulaire, ou se laissaient-ils aveugler par un mirage trompeur ? Nous n'avons pas mission de sonder les cœurs et les reins ; nous ne pouvons donc pas trancher la question ; nous pensons seulement qu'une fois engagés ils penchaient plutôt à favoriser l'erreur qu'à la combattre.

On sentait déjà souffler un petit vent de grève dans les corons du centre et de l'ouest. Les délégués allaient semant « la bonne parole » et recommandant aux affiliés de s'y préparer. Le syndicat avait rédigé l'énoncé minimum des « revendications », et multipliait les réunions de son bureau. On savait dans toutes les mines que les discussions rouleraient, sur deux points principaux : la moyenne des salaires sur les bases de l'arbitrage de 1891, et le double du carnet de paye remis au syndicat pour la vérification de cette moyenne. Dans une réunion tenue à Lens, M. Evrard, secrétaire général adjoint, s'était chargé d'expliquer en quoi le double du carnet de paye était indispensable. « Un ouvrier gagnant de faibles salaires, dit-il, ne voudra pas communiquer sa fiche, dans la crainte d'être taxé de paresse ; un autre ne la donnera pas non plus de peur d'être accusé de travailler trop pour obtenir de fortes journées ; et enfin un troisième, qui sera l'ami du porion et qui gagnera 8 à 9 francs par jour, ne consentira pas à remettre sa fiche, et pour cause. Impossible donc d'établir une moyenne exacte. C'est pour cela que le syndicat réclame le double carnet. » Il n'est pas difficile de dégager la pensée secrète qui veut se dérober sous le langage, en apparence conciliant, de l'organe du syndicat. M. Evrard est un homme modéré qui voudrait étouffer les conflits et éteindre les grèves ; pourtant sa pensée s'inspire de la plus cruelle tyrannie. L'ouvrier ne veut pas dire ce qu'il gagne ? il faut l'y contraindre.

Cet ouvrier travaille trop, il gagne trop d'argent ? Il faut qu'il limite son adresse, son activité, son courage, eût-il un vieux père et dix enfants à nourrir, fût-il hanté du désir sain de l'épargne en prévision des mauvais jours. C'est un bon ouvrier, il faut qu'il se résigne à devenir un ouvrier médiocre. Mais celui que le porion favorise ? Le porion ne peut-il pas avoir des amis parmi les « syndiqués » tout aussi bien que parmi les ouvriers qu'on flétrit du surnom de « blanches mains », de « frotte-manche » et autres synonymes dans la langue des mineurs aux épithètes de flatteurs et de courtisans. A un autre but encore tend le syndicat en réclamant un double livret de paye ; il veut obliger les ouvriers qui n'en font point partie à s'y réfugier pour échapper aux persécutions que le double livret prépare contre eux. Tous les « syndiqués » ne sont pas mauvais ouvriers ; on peut toutefois reconnaître qu'en dehors des syndicats il est des ouvriers excellents, courageux, pleins d'honneur, esclaves de leur devoir. Ils se considèrent comme liés aux compagnies par le contrat de louage et se persuadent qu'ils doivent encore quelque chose de plus beau que leur travail au patron qui leur distribue les plus hauts salaires de l'industrie et les aide à élever une famille honnête et laborieuse. Nous en avons vu un l'autre jour qu'une bande de vauriens est venue assaillir dans sa maison. On brise ses fenêtres, on démolit sa porte, on blesse deux fois sa femme, on va tuer son enfant au berceau. Il sort de chez lui, saisit sa fourche et poursuit ses agresseurs qui fuient dans les champs. Il en blesse un qui ose lui faire face, et en entraîne un autre prisonnier. Il faudrait une récompense à ce jeune homme de 21 ans, si courageux et si fier de son indépendance.

Ce despotisme que le syndicat veut imposer à toute la population minière de la contrée, il essaie de le justifier par des chiffres erronés et des allégations inexactes. M. Evrard, en homme modéré, s'étonne qu'un ingénieur qui a consacré toute sa vie au service de sa société et qui par le labeur le plus intelligent et le plus dévoué a su de presque rien, d'un premier puits creusé à Lens, tirer la fortune pour une foule de familles et pour plus de 6 000 ouvriers ; M. Evrard s'étonne qu'il soit, sur ses vieux jours, assuré de laisser après lui une opulence qu'il doit à son caractère, à son savoir, à sa haute probité, à son travail. L'administration est pour ce champion de la première heure trop généreuse et ne l'est pas assez pour ses ouvriers d'hier qui lui feront défaut demain ; et, laissant échapper sa sourde pensée, si Marles, privé de sa section syndicale, refuse de cesser le travail, *on saura l'y contraindre.* Suivant cet orateur conciliant, les houillères du Pas-de-Calais ont en trois ans réalisé en moyenne 51 millions de bénéfice par an. Si l'on consulte les statistiques officielles on a la preuve que, pendant la période indiquée par M. Evrard, ces houillères ont distribué 69366000 francs de salaires, pendant qu'elles réalisaient un bénéfice de 28 millions, et non de 51 millions, dont une forte partie était consacrée à des travaux neufs, c'est-à-dire productifs de salaires pour de nouveaux ouvriers. Il faut avoir bien peu le respect de son auditoire pour le tromper à ce point, et l'on voit par là quelle confiance on peut apporter aux autres assertions de M, le secrétaire général adjoint. Il faut exciter les passions ; on le fait au moyen de chiffres dont pas un n'est exact. Les braves gens s'indignent que des hommes qui ne font rien de leurs bras puissent avec leur cerveau gagner des émoluments fabuleux, et en sortant de ces assemblées il leur vient l'envie de crier : « Au voleur ! »

Ces réunions inaugurées à Lens vont se poursuivre dans tout le bassin, le 28 août à Meurchin, le 8 septembre à Vendin-le-Vieil, à Bully-Grenay, à Bruay, à Ostricourt, etc. Toujours les mêmes questions, les mêmes récriminations, les mêmes allégations mêlées de déclamations et d'injures suivant le tempérament de l'orateur. L'heure solennelle approche, les délégués du syndicat sont convoqués à Lens pour le 10 septembre. De ce « congrès », c'est le nom qu'on donne à cette assemblée, doivent sortir les plus graves résolutions. On y traitera surtout des moyens « de mettre un frein à la diminution constante des salaires ». Pour ne pas soulever contre soi l'opinion, on parlera « de conciliation, y compris l'arbitrage. » C'est dans le journal officiel du syndicat que nous cherchons cette fois nos renseignements afin de n'y rien introduire que ce qu'il a plu au syndicat d'y faire figurer.

On a battu le rappel et chauffé l'opinion. Dans chacune des sections du syndicat, des réunions ont eu lieu ; des délégués ont été nommés : l'assemblée se compose de 85 membres, dont 52 sont cabaretiers et 27 seulement ouvriers mineurs. Les autres sont épiciers ou maçons. Dans ce nombre de 52 cabaretiers, il en est 25 qui n'exercent plus le métier ou même ne l'ont jamais exercé ; les

autres cumulent. Il y a même des étrangers ! On peut se demander
à quel titre ces cabaretiers, exclusivement voués à leur commerce,
font partie d'un syndicat de mineurs ; la loi n'est-elle pas violée ?
Elle l'est certainement, à moins que l'on ne considère le débit de
boissons comme une profession annexe. En effet, rien n'est plus
étroitement annexé aux mines que le cabaret ; ils pullulent autour
des fosses. Nous avons sous les yeux une statistique des cabarets
en ce moment ouverts dans la région des mines du Pas-de-Calais.
Leur nombre s'élève à 5003 Encore n'y avons-nous pu joindre le
nombre de deux centres houillers, Fléchinelle et Ostricourt, non
plus que de tous les villages qui leur fournissent des ouvriers.
Dans quelques concessions, on voit des rues entières dont toutes
les maisons sont occupées par des cabarets, des estaminets et
des cafés. On peut tirer de là une conséquence : pour que tant
d'établissements de ce genre puissent subsister, il faut qu'ils attirent
à eux beaucoup d'argent.

Le « Congrès des délégués des sections syndicales » s'ouvre
le 10 septembre, à Lens, dans la salle Gossart ; 82 délégués sont
présents (85 d'après le *Réveil*). Il est dix heures du matin. M. Basly
préside ; il a pour assesseurs MM. Lamendin, secrétaire général,
et Evrard, secrétaire général adjoint. Assistaient à la séance, outre
les délégués, un millier de mineurs ne prenant point part au vote.
Ceux-ci sont relégués au fond de la salle ; ce sont les claqueurs ; les
délégués seuls sont assis sur des bancs. Dans l'auditoire figurent
quelques délégués du syndicat du Nord, entre autres M. Moche,
et le secrétaire général. Tout à l'heure il viendra s'y joindre deux
délégués des mineurs belges. M. Evrard procède sérieusement à
l'appel nominal des délégués. Conviés successivement à exposer
les résolutions prises dans les sections du syndicat général, douze
orateurs font entendre leur voix. M. Beugnet, délégué de Béthune,
rapporte que sa section ne s'est prononcée ni pour ni contre la
grève. Il la votera pourtant si les autres la volent. M. Dilly, de Lens,
ne prononce pas un discours ; il apporte seulement une liste de
« revendications » dont les principales sont : le double carnet, salaire
moyen de 6 francs pour huit heures de travail, plus la prime de 20
pour 100. Il ajoute que les ouvriers de Lens, animés du meilleur
esprit, s'engagent à ne reprendre le travail qu'après satisfaction
donnée aux « revendications » des autres charbonnages ; enfin il

repousse l'arbitrage. Dilly n'est pas un mineur, mais un cabaretier. M. Cadot (Bruay) n'a pas d'hésitation, Bruay veut la grève. Un autre délégué de Béthune, M. Dufour, défend la cause un peu oubliée des ouvriers du jour ; ils n'appartiennent pas au syndicat du fond, mais il espère qu'ils suivront leurs camarades. M. Carpentier, de Courrières, votera la grève. M. Lemal (Béthune) en fera autant. Carvin n'a pas à se plaindre, mais son délégué, M. Cordier, s'associera à la majorité. M. Delvigne, de Marles, se répand en plaintes amères, mais il ne prendra pas l'initiative de la proposition. Quant à M. Paris, de Dourges, il paraît que ses commettants sont satisfaits de leur sort et ne réclament rien d'autre que de continuer à travailler ; il fait appel à la conciliation. On murmure au fond de la salle. Liévin n'est pas content ; son délégué, M. Taffin, a reçu mission de voter la grève et il la votera. A Meurchin. dit M. Willof, les moyennes de salaire ne dépassent pas 6 fr. 40 ; Meurchin ne peut se résigner à une si misérable situation ; il faut la grève. Trois délégués ont parlé pour Béthune ; deux pour Bruay, sept autres se sont fait entendre pour sept autres mines. Lu somme, neuf mines seulement sur quinze sont intervenues au débat. Le bureau et les hommes du fond de la salle craignent-ils l'intervention des autres mines ? On réclame la clôture, elle est votée.

C'est ici que se manifeste dans toute sa plénitude la pensée personnelle du président. Cinq orateurs sur douze, se sont prononcés nettement pour la grève. Les sept autres se sont montrés hésitants sinon même hostiles à la mesure ; deux d'entre eux ont fait appel à la conciliation. Les délégués de Fléchinelle, d'Hardingbem, de Drocourt, de Nœux, de Vendin-lez-Béthune, de Ferfay n'ont pas donné leur avis. Le président, M. Basly, substituant son désir à l'opinion encore incertaine de l'assemblée, déclare : « Il résulte des discours que nous venons d'entendre que vous êtes *décidés* à faire grève. » Mais aussitôt, pour échapper à la responsabilité d'une résolution trop vivement et trop clairement indiquée, il ajoute : « Avant de passer au vote, permettez-moi de résumer la situation. » Ce prétendu « résumé de la situation » est un acte d'accusation violent contre les compagnies. « C'est la concurrence acharnée entre Lens et Courrières qui a déterminé la baisse des charbons. Les salaires s'en sont ressentis ; ils sont partout diminués. Si on allègue que la somme payée n'a pas diminué en France, il a été fait cependant pour le même total de salaires une somme plus considérable de travail qui a engendré une forte « surproduction ». L'an dernier d'après les statistiques officielles, cette « surproduction » a été de 1203492 tonnes. Pour le premier semestre de cette année elle est déjà de 53000 tonnes ; ce qui fait que, pour un salaire identique à celui des années précédentes, on a exigé des mineurs une somme de travail beaucoup plus considérable et dont l'excédent se trouve ainsi n'avoir pas été payé. » L'argument est spécieux ; d'autres que des ouvriers mineurs s'y sont laissé prendre. De là. M. Basly passe au tableau des bénéfices considérables réalisés par les compagnies, ce qui le conduit à cette conciliante observation que, « si l'on voulait empêcher de travailler tous les voleurs, il y a bien des administrateurs de compagnies qui ne le seraient plus. » Il propose ensuite de voter les cinq propositions suivantes : « 1° double carnet de paye ; 2° augmentation des salaires pour les ouvriers du fond ; 3° plus de renvoi d'ouvriers après l'âge de 40 ans ; 4° respect de la part des chefs ; 5° suppression des amendes pour charbons sales. » Le délégué Cadol, cabaretier à Bruay, demande qu'on y ajoute l'obligation, pour les compagnies de « ne plus diminuer les prix de la tâche, sauf en ce qui concerne les différences qui doivent exister entre les traçages et les dépilages », ce qui revient à ne plus tenir compte des facilités plus ou moins grandes du travail à la veine. Ces six propositions sont adoptées.

Il s'agit maintenant de savoir si les décisions prises seront communiquées aux compagnies, et sous quelle forme. L'assemblée se prononce pour l'envoi d'une lettre. Enfin l'on vote sur le montant des salaires ; le minimum est fixé à 5 fr. 50, plus une prime de 30 pour 100. C'est la mise à néant du pacte arbitral conclu à Arras en novembre 1891. Enfin l'assemblée s'ajourne au jeudi 14 septembre pour entendre les réponses des compagnies à l'ultimatum qui va leur être envoyé. Durant la séance le secrétaire général du syndicat du Nord n'avait pas manqué de fortifier les courages en leur faisant savoir que tous les syndiqués feraient cause commune avec le Pas-de-Calais et qu'Anzin même se mettrait de la partie. Enfin les deux délégués belges apportaient l'engagement que Mons et Charleroy continuaient et étendraient la grève dans tout le bassin. Ces belles assurances avaient soulevé des tonnerres d'applaudissements et l'on avait crié : « Vive les Belges ! » On oubliait dans un élan de fraternité internationale les injures qu'on leur avait prodiguées naguère et les coups qu'on leur avait distribués pour être venus chercher du travail en France. M. Basly oubliait lui-même qu'il avait un jour demandé à la Chambre le renvoi de ces Belges que l'on acclamait aujourd'hui. Enfin, pour ne rien omettre de curieux ou d'important, le délégué de Lens, M. Dilly, avait formulé une demande tendant à faire allouer aux ouvriers âgés de 50 ans une pension de 2 francs par jour ; 730 francs par an. c'est justement le maximum des pensions payées en ce moment par la compagnie de Lens à ses vieux ouvriers frappés d'incapacité de travail ; elles varient jusqu'à la moitié selon l'âge et le temps de service des intéressés. Ces pensions sont servies sans qu'il soit fait de retenues sur les salaires. Il n'en est pas de même dans toutes les compagnies. Lens en ce moment sert 188 pensions dont la moyenne, est de 571 francs par an. C'est encore 71 francs de plus que ne touchent de leur société les hommes de lettres âgés de plus de 60 ans.

## Section III

Le lecteur qui a bien voulu nous suivre jusqu'ici a pu aisément s'apercevoir que, si les chefs des syndicats avaient usé de leur influence pour empêcher la grève d'éclater, ils l'auraient pu même sans exposer leur éphémère popularité. Ils avaient agité le pays depuis longtemps, ils avaient prodigué les belles promesses, mais ils auraient pu maintenir les réclamations dans les limites tracées par le compromis d'Arras. L'ouvrier croyait sur des affirmations erronées et d'après de faux calculs que son salaire avait non pas précisément diminué, mais ne s'était pas accru dans des proportions adéquates à la production. Rien n'était plus simple, si les hauts personnages du syndicat étaient incapables d'établir des calculs exacts, que de les demander à des comptables experts et avisés qui auraient scrupuleusement scruté les écritures des compagnies et contrôlé tous leurs dires ; elles ne s'y seraient pas refusées, puisqu'elles l'ont offert à plusieurs reprises. Marles, Courrières, Lens et tous les autres charbonnages disent : « Nos livres sont à votre disposition ». Courrières va plus loin, il intente un procès en calomnie et fait porter tous ses registres au tribunal. Lens établit clairement que dans ses puits la moyenne atteint 5 fr. 76 et 5 fr. 80. Il fait observer que l'augmentation de salaire consentie à Arras sur la base de 4 fr. 80 par jour était notablement supérieure au prix ancien, puisqu'elle était calculée sur une période où le travail était de 9 heures au moins et que la présence de l'ouvrier dans les chantiers du fond ne devait plus être que de 8 heures, exactement, 7 heures et demie, si l'on tient compte du temps du repas. En réalité le prix de l'heure payé à Lens, en y comprenant la prime de 20 pour 100, dépasse 0 fr. 80 l'heure. Il n'est pas aisé de rencontrer une industrie manuelle aussi largement rétribuée. Il y a plus : d'un relevé fait sur les livres de la compagnie, il résulte que pendant le mois d'août dernier 863 mineurs de Lens ont gagné de 4 fr. 75 à 5 fr. 75, — 1 242 ont gagné de 5 fr. 75 à 6 fr. 2, — et 103 de 6 fr. 25 à 7 francs. Ces différences résultent surtout de la force et de l'adresse des ouvriers composant une équipe, et aussi du plus ou moins de facilité dans l'extraction. Il est nécessaire de remarquer que « ces chiffres ne donnent pas les gains réels, car ils comprennent le salaire des aides rétribués par les ouvriers à la veine à un faux inférieur, d'après des conventions spéciales que les mineurs ne communiquent pas à la Société. » Ajoutons que la mine donne à un ouvrier son logis qu'envieraient bien des petits bourgeois, une maison en briques, saine et accompagnée d'un petit jardin, qui peut suffire aux besoins de la famille, que le loyer est de 5 francs par mois, prix à peine suffisant pour l'entretien, que le charbon de la mine alimente le foyer et que le médecin appointé par la Société est gratuit pour l'ouvrier. Ce que nous disons pour Lens pris comme type peut s'étendre à toutes les autres concessions ; les différences ne sont pas notables et portent seulement sur quelques détails. MM. Basly, Lamendin, Evrard, Malagie et Moché devaient savoir tout cela, ainsi que tous les délégués, même cabaretiers, même épiciers ou maçons. S'ils ne le savaient pas, ils pouvaient s'en faire instruire, et, s'ils le savaient, ne devaient-ils pas ramener les esprits agités à une plus juste appréciation des choses, aune entente facile et prompte avec les agents supérieurs des compagnies, et épargner à leurs clients, à leurs commettants une perte de plus de cinq millions de salaires, sans parler des autres détresses qu'ils ont accumulées autour d'eux. Si la grève qui se prépare va tout à l'heure être déclarée, elle sera sortie de leurs mains, et on la verra bientôt éclater et se développer sous leurs auspices.

Familiers au travail des mines et aux conditions qui le règlent et l'environnent, ces hommes intelligents, instruits, pleins de zèle pour leurs camarades, il n'en faut pas douter, ne risquaient-ils pas, on soulevant cette grève inutile, d'appeler une trop vive lumière sur certains mystères de la répartition des salaires ? On se plaint qu'ils ont diminué quand la production paraît avoir augmenté. Les sociétés offrent de prouver que leurs moyennes ont toutes dépassé les moyennes établies d'après les conditions du pacte conclu à Arras en 1891. Cependant on s'obstine à les accuser de tromper les ouvriers par leurs calculs, — on dit élégamment « par leurs trucs », — on prétend qu'elles les volent et l'on crie : « Au voleur ! » Comment voulez-vous qu'un brave ouvrier à qui l'on répète chaque jour qu'il est volé, comment voulez-vous qu'il ne se plaigne pas ? Il doit y avoir dans les profondeurs des galeries de secrètes manœuvres dont l'œil vigilant des syndicats ne s'est pas aperçu. Les ouvriers d'une taille sont au nombre de trois, assez souvent de quatre. Un seul dirige le travail et reçoit le salaire pour toute, l'équipe. Ce salaire, c'est la masse ; il s'agit de la partager. Lens le dit : l'ouvrier à la veine, le chef fait souvent ses conditions avec ses auxiliaires ; celui qui est inscrit dans les écritures de la société pour 5 francs peut consentir vis-à-vis du chef une diminution. L'ouvrier à la veine se gardera de le faire savoir à l'administration ; la production augmentera et en apparence la moyenne du salaire, calculée du dehors, diminuera. Voilà déjà une des sources des erreurs de chiffres commises par le syndicat et par ses orateurs. Il en est une autre. Nous demandons la permission de ne l'indiquer que par une mise en scène du personnage principal. La quinzaine est écoulée, il passe à la caisse ; on lui remet une fiche où son compte et son décompte sont établis. Il a peu travaillé, sa veine était mauvaise, il a *fait* un charbon sale, il a été frappé pour ce fait ou pour tout autre, d'une, deux ou trois amendes ; il devrait toucher pour lui et son équipe une somme de 150 francs pour 14 jours de travail ; mais les retenues sont décomptées et il ne touche que 130 francs. Il met l'argent dans sa poche ; au besoin il en fait contrôler le montant par ses hommes. On voit clairement qu'il n'a touché que 130 francs, c'est tout ce que l'on voit. On se rend au cabaret ; c'est là que s'opère la distribution de la masse. Il vide sa poche sur la table et commence par prélever, ce qui est légitime, le salaire des auxiliaires qui travaillent à prix fixe, soit 7 à 10 francs pour les deux, le surplus est à partager entre les quatre ouvriers de l'équipe. On compte, on suppute et l'on arrive à constater que les salaires ont baissé et que la compagnie vole effrontément les ouvriers qu'elle emploie. Le chapitre des retenues et des amendes a été passé sous silence. Autre phénomène qui a certainement échappé à la vigilance du syndical. L'homme à la veine a touché 100 francs pour sa quinzaine. Il glisse 20 francs dans la poche des réserves et rapporte 80 francs à la maison. La femme, qui s'attendait au chiffre rond, crie, tempête ; elle ne doute pas de la droiture de « son homme » ; elle accuse la mine ; les salaires ont baissé. Vienne une grève ; privée de pain pour ses enfants, elle mènera les bandes à l'assaut des puits, elle traitera son mari de lâche s'il ne fait sauter quelque maison de porion et portera le drapeau rouge jusque sous le nez du gendarme bien empêché de sabrer la mégère qui crie : « Du pain ! du pain ! du pain ! » C'est une bien triste extrémité que celle des grèves, et ceux qui les fomentent se montrent bien cruels envers les ouvriers s'ils la font sortir de faux calculs, d'erreurs de jugement, ou menu ; d'un désir passionné, mais inopportun d'être utile à leurs semblables. Celle-ci, on va le voir, est issue d'un prétexte.

Ce prétexte, c'est la diminution des salaires, c'est-à-dire la violation par les compagnies du compromis de 1891. Et cela est si vrai qu'il est aussitôt abandonné sans être autrement formulé que dans les discours. La lettre adressée aux compagnies par MM. Basly, Lamendin et Evrard au nom du syndicat, à l'issue du « congrès » du 10 septembre n'en fait même pas mention. Elle se contente de reproduire les propositions adoptées, en élaguant sagement celle qui est relative au « respect dû aux ouvriers » et y substituant moins prudemment celle-ci : « Qu'à l'avenir il ne soit plus renvoyé d'ouvriers ayant encouru une condamnation, autant que celle-ci n'aura pas porté préjudice à la compagnie. » Le syndical s'aperçut le lendemain qu'il avait oublié les ouvriers du jour. Il importait cependant de les attacher à la cause des ouvriers du fond, non pas seulement pour faire nombre et les associer à la grève, mais pour gêner les charbonnages dans l'expédition des approvisionnements, qu'on disait être considérables, et dans l'exécution de leurs marchés. Aussi, sans avoir recours à une nouvelle assemblée et sans solliciter un vote complémentaire, le syndicat en vertu de son pouvoir absolu prit sur lui de réclamer pour les ouvriers du jour une augmentation de salaire « proportionnelle à celle sollicitée par leurs camarades du fond ». Le bon sens dans cette lettre n'était pas plus respecté que la langue française. Cette prétention d'intervenir pour fixer les salaires d'ouvriers étrangers au syndicat ne marque pas un esprit bien éclairé sur l'étendue de ses droits. Pourquoi ne pas couvrir d'une même sollicitude les ouvriers qui construisent les machines, les maçons qui bâtissent les corons, les charpentiers et les couvreurs ? Les administrateurs des sociétés minières, quand ils reçurent celle seconde lettre, durent être un peu surpris de découvrir tant de gens portés à s'ingérer dans les affaires d'autrui.

A l'ultimatum du syndicat les compagnies avaient envoyé leurs réponses le 14 ; il fut donc possible de tenir le soir la séance qui avait été annoncée. Toutes ces réponses étaient sur tous les points négatives ; toutes les « revendications » étaient repoussées, les unes brièvement, sèchement, les autres accompagnées d'explications qui auraient dû suffire à des esprits droits et sans parti pris. Sur la question du double carnet de paye : Les directeurs ou agents généraux disaient qu'il appartenait aux ouvriers seuls de faire connaître le montant de leur salaire. C'est à eux qu'il appartient d'en faire part au syndicat. Les ouvriers non syndiqués y sont hostiles. Les ouvriers peuvent toujours contrôler l'exactitude de leurs comptes d'après les bulletins qui leur sont remis. — Sur l'augmentation des salaires : Elle est impossible en ce moment où le charbon est à vil prix par suite de la diminution du prix de la main-d'œuvre dans les pays étrangers. Toutes les sociétés ont d'ailleurs exécuté fidèlement la convention d'Arras. C'est la prétention du syndicat qui la viole. — Suppression du renvoi des ouvriers âgés de plus de 40 ans : Dans plusieurs mines le cas ne s'est jamais présenté, dans d'autres, très rarement et pour causes graves ; à Lens, « en cinq ans sur un nombre de plus de 6 000 ouvriers il n'en a été l'envoyé que 28 : 8 pour condamnations à la prison, 4 pour vols et fraudes au préjudice de la Société, 10 pour absences ou insultes à la surveillance, 2 pour falsification de livrets, 4 pour infractions diverses aux règlements. » — Suppression des amendes pour charbons malpropres : La condition de ne faire que des charbons propres l'ait partie du contrat de louage. Les ouvriers qui y mélangent des *havries* ou des terres font préjudice à la compagnie et à eux-mêmes : ils éloignent le client. — Invariabilité des prix de tailles : L'irrégularité du gisement, les changements fréquents de puissance, de dureté et de composition de la veine rendent impossible la fixité des prix. — Plus de renvoi d'ouvriers pour cause de condamnation n'ayant pas porté préjudice à la Société : Les compagnies ont souci de la dignité de leurs ouvriers ; elles ne peuvent consentir à conserver parmi eux des hommes frappés par la justice pour causes graves. — Enfin touchant l'augmentation du salaire des ouvriers du jour : Ce salaire est réglé sur les prix payés dans les industries du pays suivant la loi de l'offre et de la demande. Sur la cinquième question la réponse de Marles avait dit : « Cette demande est puérile ; si Ion s'engageait à ne jamais diminuer les prix de tâche, il faudrait s'engager aussi à ne jamais les augmenter, et, comme les difficultés d'exploitation sont extrêmement variables, on obtiendrait des écarts du simple au triple et au quadruple entre les salaires des mineurs d'une même exploitation. »

Aux demandes d'un caractère général, il s'en était joint de secondaires dans quelques mines ; nous n'en surchargerons pas notre exposé. Ce que nous venons de placer sous les yeux du lecteur suffit pour lui montrer le peu de sérieux des « revendications » du syndicat, son intention de déchirer le compromis d'Arras et de se faire, d'une demande d'augmentation de salaires, le prétexte d'une grève. La réunion des délégués des sections syndicales du bassin du Pas-de-Calais eut lieu le 14 à Lens, dans la salle Gossart, à 6 heures du soir. Plus de 500 personnes se pressaient dans la salle comme le jour du congrès, mais les délégués seuls pouvaient prendre part au vote. On constate la présence de 92 délégués, la plupart cabaretiers. Comme le 10, M. Basly préside, secondé par MM. Lamendin et Evrard. Il est donné lecture des réponses des compagnies. Parmi elles, Ferfay se tient à l'écart, l'entente est complète entre elle et ses ouvriers. Lens, dans une note très claire, démontre que la moyenne de ses salaires a augmenté au lieu de baisser depuis la convention de novembre 1891. De 4 fr. 99 au plus haut elle s'est élevée à 5 fr. 78 en 1892, et à 5 fr. 75 on 1893. D'après la convention le prix pouvait ressortir à 5 fr. 76, et il faut noter qu'il a été retranché une heure par jour de travail. La démonstration est lumineuse et il est facile d'en contrôler l'exactitude. Mais ce n'est ni l'exactitude ni la lumière que demande le syndical, c'est la guerre. Elle est déclarée séance tenante après de nombreux discours où sont reproduites les déclamations du dimanche précédent. On voit poindre cependant quelques oppositions. Le délégué de Dourges ne croit pas à la grève de sa mine, Carvin n'y croit guère, Vendin-Annezin pas davantage, Ferfay point du tout. La grève ne sera donc pas générale comme on l'espérait ; on saura y contraindre les récalcitrants. Et de son côté le bassin du Nord, sollicité par les circulaires de M. Moché, paraît médiocrement empressé à se mettre en mouvement. Anzin ne s'est pas ému ; Aniche chômera certainement, ainsi que l'Escarpelle, M. Moché en répond. Il répond aussi de la « Bastille du Nord » si les ouvriers du Pas-de-Calais veulent avec lui livrer l'assaut. La Bastille du Nord c'est Anzin. Sur ces paroles téméraires et sur les encouragements venus de Belgique et d'Angleterre, la grève du Pas-de-Calais est votée par 81 voix contre 11. Il y a unanimité chez les délégués cabaretiers. Trois jours après, le 17, la grève est déclarée aussi dans le Nord ; l'Escarpelle et Aniche s'y laissent prendre. Anzin sommeille toujours ; on le réveillera. Le dessein de forcer la main aux dissidents, d'exercer la violence pour obliger les ouvriers à cesser le travail, apparaît dans tous les discours, dans les écrits, dans les circulaires, mais toujours avec cette précaution oratoire, quand c'est le syndical qui parle, de bien indiquer que les compagnies seules ont voulu et fomenté la grève. C'était leur intérêt ; elles avaient des stocks énormes à écouler, et la cessation du travail devait entraîner une hausse qui remplirait d'argent les caisses des compagnies et de satisfaction le cœur des actionnaires. Ces exploiteurs, les pieds au feu, tranquillement, sans rien faire, ont vu leurs actions parties de 300 francs, monter en moins d'un demi-siècle à 28 000 francs et même à 40 000 francs. Ce sera tout à l'heure dans la bouche des « conférenciers » une source de comparaisons menaçantes entre « l'exploiteur » et « l'ouvrier », de rapprochements redoutables entre ; le capital et le travail. Les plus hardis, quand on les fera venir de Paris, en déduiront bientôt cette conséquence naturelle que, pour établir l'harmonie, il faut dérober le bien d'autrui. Cependant le gouvernement avisé a pris ses précautions ; la grève doit commencer le 10, à heure fixe ; il a envoyé ses gendarmes. Et comme on a crié par-dessus les toits que le Pas-de-Calais allait fondre sur le Nord, que l'armée de la grève allait livrer l'assaut à Anzin, le pouvoir exécutif ajoute à ses gendarmes quelques compagnies de fantassins et quelques escadrons de cavalerie. De Douai, il expédie même des artilleurs, mais sans canons. Quand les grévistes les plus audacieux viennent pour entourer les puits, ils les trouvent gardés ; quand les meneurs qui ont le mot d'ordre pour armer leurs bataillons de gourdins et les précipiter par milliers sur la « Bastille du Nord », leurs soldats sont peu tentés de marcher ; ils trouvent la route longue et dangereuse. Anzin, au dire de M. Moché, attend qu'on le vienne délivrer ; mais le libérateur aime mieux crier dans ses corons que courir au-devant d'une défaite certaine. Décidément la grève ne sera pas générale ; le grand coup est manqué. Et, chose étrange, inouïe, qui renverse tous les calculs et bouleverse toutes les consciences syndicales, les grévistes anglais rentrent sous terre, les houilleurs du Borinage reprennent le pic et la rivelaine, et les houilles de la Ruhr viennent à Charleroy se faire baptiser belges pour être acceptées plus aisément en France. Ce qu'il en coûtera au travail national, on ne le dit pas, mais la statistique des douanes le fera connaître l'an prochain. Que faire devant les obstacles que le gouvernement élève à la liberté d'autrui ? Protester dans la presse, par des circulaires, par des discours. Plagiaire de Carmaux, le syndicat par ses affiliés organise des patrouilles. C'est un droit ; Carmaux l'a bien démontré ; il est admis, et il est hautement « revendiqué ». Si la police l'interdit, elle viole la loi, la loi des précédents. Ce n'est pas l'avis de l'autorité ; elle semble revenue des temps où une poignée de turbulents commandait aux pouvoirs publics. On ne souffrira cette fois ni le désordre, ni la violence, ni les insultes aux magistrats ou à l'armée. C'est une surprise pour tout le monde ; mais s'en plaignent seuls les hommes qui veulent exercer le despotisme autour d'eux. Le rapporteur au Sénat de la loi des syndicats voudrait même une action plus énergique ; il voudrait que les rigueurs de la législation qu'il a étudiée et soutenue ne fussent pas réservées à des hommes dont on n'a rien à craindre, et qu'on en étendît les dispositions rigoureuses aux syndicats où s'introduisent des personnages qui n'exercent pas la profession « syndiquée ». La lettre de M. Trarieux au président du Conseil, ministre de l'Intérieur, reçoit un accueil mérité, une réponse froide du ministre, un sourire moqueur du personnage directement visé. Si le syndicat est dissous, il se transformera en loge maçonnique.

Pendant une dizaine de jours, la grève poursuit son cours normal et habituel. Les « meneurs », — on ne peut pas nier sérieusement qu'il en existât, puisqu'ils allaient partout semant, comme ils disaient, la bonne parole, — les meneurs parlaient salaires, exploitation des ouvriers, prépondérance du capital sur le travail ; bref, ils ne mettaient en jeu que la question économique. Sans doute ils provoquaient à la résistance, à la lutte. Celle-ci se traduisait en réunions tumultueuses, en insultes aux soldats, à ses chefs, et parfois une foule trop vivement excitée jetait des pierres à la troupe. On procédait à des arrestations, et les tribunaux ne montraient envers les coupables qu'une tendresse modérée. La présence de l'année et de la gendarmerie était un obstacle, disait-on, au succès de la grève et des réclamations ouvrières. Les députés de l'arrondissement de Béthune, secondés de quelques collègues venus à leur aide de Paris et de diverses autres parties de la France se mêler à un conflit auquel ils paraissaient devoir rester étrangers, réclamaient le « retrait des troupes ». Que serait-il arrivé, demandions-nous à un homme du pays, bien informé et plutôt favorable aux mineurs qu'aux compagnies, si l'on n'avait pas pris les mesures de protection que l'on a prises ? « On eût détruit les puits, fait sauter les bâtiments, peut-être bien le haut personnel en même temps. Cela s'est vu. » Déjà, dès le 19 septembre, les explosions de dynamite commençaient à se faire entendre à Mazy, à Lewarde, dans la concession d'Aniche. On n'en voulait peut-être pas à l'ouvrier qui avait repris le travail au point de l'assassiner de sang-froid, mais quand les foules surexcitées se ruent sans qu'un sentiment de crainte les arrête, on peut redouter d'elles tous les attentats. C'est prudence de prévenir au lieu de réprimer. Les instigateurs de la grève ne paraissent pas l'avoir compris. Au lieu de se féliciter de voir leurs forces contenues dans les limites d'une sagesse relative, ils se plaignirent ; ils demandèrent que la force armée fut retirée pour laisser le champ libre aux « revendications légitimes » des mineurs. Et comme leurs plaintes ne pouvaient obtenir aucune satisfaction et que les défections commençaient à se mettre dans les rangs des grévistes, ils tirent appel à la politique, ils appelèrent à leur secours les nouveaux élus du parti auquel les deux députés prétendent se rattacher. Dès lors la grève change de face : d'économique qu'elle était à l'origine elle devient politique, elle prend le caractère d'une guerre sociale. La pente était facile, le syndicat déjà chancelant s'y laissa glisser.

## Section IV

Il est difficile de dire si ce fut tout à fait de leur plein gré que MM. Lamendin et Basly eurent recours à leurs collègues socialistes pour épargner à leur syndicat une chute imminente ; toujours est-il qu'une réunion de ce groupe eut lieu à Paris le 24 septembre, à laquelle M. Basly assistait, et que tous les députés qui en faisaient partie prirent l'engagement de porter la « bonne parole » aux mineurs du Pas-de-Calais. Les juges de paix, sur l'invitation du ministre, avaient convié les parties à un arbitrage que la loi votée par la dernière législature indique, mais ne commande pas. Le syndicat, qui sentait le terrain se dérober sous lui, s'était empressé d'adhérer à ce simulacre de conciliation, tout en laissant dire autour de lui que cette loi était « absurde, inexécutable, votée à la hâte pour donner aux électeurs ouvriers un semblant de satisfaction ». Il y avait beaucoup de vrai dans cette appréciation. Néanmoins le syndicat avait fait désigner des délégués pour le cas où l'arbitrage aurait lieu. Ce n'avait pas été sans difficulté qu'on était parvenu à former une liste ; les personnages les plus influents se méfiaient les uns des autres. Le syndicat aurait eu mauvaise grâce à repousser l'arbitrage en principe : c'est lui qui formulait des demandes. Les compagnies ne demandaient rien et se maintenaient dans les limites de 1891. L'arbitrage pour elles était sans cause et sans raison. Elles étaient unanimes à le repousser. La situation se tend, les violences entrent résolument en jeu. Plusieurs maisons d'ouvriers qui travaillent sont attaquées par des pierres, par la dynamite à Bruay, à Liévin. Une sentinelle attaquée à Vendin-le-Vieil tire le premier coup de feu. On essaie de faire sauter un pont des mines de Lens. « Nous avions des patrouilles nombreuses, qui empêchaient les ouvriers de sortir de chez eux, » dit un gréviste. « Les patrouilles des grévistes pour interdire le travail aux ouvriers libres sont imposées par le devoir ; » les patrouilles des militaires pour protéger la liberté du travail sont « odieuses, criminelles. » De là à un conflit sanglant il n'y aurait qu'un pas si les cavaliers laissaient les groupes se former, et si la patience des soldats et de leurs chefs n'était strictement imposée par des ordres venus de haut. Il est évident que l'autorité fait ses efforts pour éviter une collision. Cependant les députés appelés de Paris laissent entendre qu'on la cherche. Nous voyons dès lors défiler les orateurs dont M. Basly est allé solliciter le concours : MM. Millerand. Baudin, Sembat, Constant, Calvinhac, Fabérol, Vaillant, Waller, Pelletan, auxquels se joignent quelques avocats, des journalistes et jusqu'à une femme, Mme Paule Minck, à qui les femmes des grévistes apporteront des bouquets, en attendant que les gendarmes la conduisent devant le tribunal de Lille. Tous ces orateurs, dont plusieurs ont plus de talent qu'il n'en faut souvent pour remuer les masses, abandonnent la question des salaires pour aborder vivement la question sociale. Ces hommes, qui ne seraient d'accord sur aucun point s'ils tentaient de préciser leurs idées, se rencontrent dans une pensée commune, que la société est mal faite, que le capital étouffe le travail, que tout patron est un exploiteur, l'ouvrier un esclave, qu'il a droit à tout, le chef qui l'emploie à rien. Quelques-uns, à qui l'on a mis des chiffres et des statistiques sous les yeux, s'indignent que les compagnies réalisent annuellement de si gros bénéfices, « alors que leurs ouvriers n'ont pas de pain à donner à leur famille ». Les braves gens qui les écoutent savent bien que ces chiffres sont faux, mais à la pensée que des fortunes se sont parfois accumulées dans des mains subalternes, ils admettent volontiers que les uns ont trop et eux pas assez. Personne n'est là pour leur dire que ces concessions houillères n'ont pas toujours enrichi les concessionnaires, que dans les plus prospères il a fallu souvent attendre dix ans avant de toucher des intérêts ; enfin que c'est la loi générale que les biens de toute sorte, et les salaires eux-mêmes, aient suivi une progression constante depuis un siècle. Le loyer de la terre, si abaissé qu'il soit en ce moment, n'est-il pas quatre et cinq fois plus élevé qu'à la fin du XVIIIe siècle ? Le prix des terrains dans Paris n'a-t-il pas augmenté dans une proportion qui atteint et dépasse souvent le centuple ? L'ouvrier qui gagnait une livre il y a cent ans ne gagne-t-il pas 5 et 10 francs aujourd'hui ? Les exploitations houillères, si difficiles, si scabreuses, si sujettes à des accidents qui les ruinent, ne doivent pas être soustraites à la loi générale. Aux prix actuels de leurs titres elles ne produisent guère qu'un intérêt de 1 p. 100 dont ne se contenteraient ni les cabaretiers des mines ni même l'épicier de Bruay qui ont voté la grève. Il manque à la production de la France environ 10 millions de tonnes de charbon que la consommation est obligée de demander à l'étranger. Pour s'affranchir de ce tribut payé à l'Angleterre, à la Belgique et à l'Allemagne, il ne faudrait pas moins de 50 000 ouvriers et de 300 millions. Pense-t-on qu'il serait facile de réunir de tels capitaux alors que la concurrence étrangère limite les bénéfices et que la situation actuelle est de nature à effrayer l'épargne plutôt que de l'appeler ? Une industrie qui est soumise à des chômages triennaux et instantanés n'a rien pour tenter les économies, et il serait à désirer que les hommes qui appliquent leurs talents à entretenir ces crises tissent une œuvre bien meilleure en s'efforçant d'y mettre fin. Cette fois ils auront peut-être atteint ce but sans le vouloir. Quelques-uns des députés venus de Paris pour dégager leurs deux collègues du mauvais pas où ils s'étaient aventurés ont prononcé des paroles qui ont sonné assez mal aux oreilles de leurs auditeurs ; ils ont parlé de retrait de concessions, de « nationalisation » des richesses minières, ce qui sans doute sous un très vilain mot indique la spoliation par l'Etat. L'Etat, déjà marchand de tabac et d'allumettes, deviendrait marchand de charbon. C'est une perspective qui ne sourit pas du tout aux mineurs : il n'y aurait plus de grèves possibles, puisque l'Etat n'admet pas que ses employés aient recours à la grève pour améliorer leur sort ou pour se faire rendre justice. Avec l'Etat pour maître, le mineur ne pourrait même plus demander le renvoi d'un porion. On a fait aussi luire à ses yeux la mine aux mineurs ; on a compté sans son bon sens naturel. On lui avait dit quelque chose d'approchant il y a quelques années. Il n'a pas cru que pareille aventure pût jamais lui arriver. Le mineur est vaniteux, mais il n'est pas sot ; l'ouvrier du fond, courageux et robuste, ne dépense pas toujours sa paye au cabaret, il a quelquefois un lopin de terre, une maison à lui ; il ne serait pas flatté d'avoir à partager ses économies avec son voisin et moins encore à se voir dépouiller de son petit bien. Il se dit que, si l'on prenait les mines on pourrait aussi lui prendre sa maison et son champ. Il n'est plus le nomade des premiers jours ; souvent il est encore ouvrier agricole, car les huit heures passées dans la mine lui laissent huit heures pour le repos et huit heures pour le travail au jour. Les lointaines perspectives de la « mine au mineur » ne l'ont pas ébloui et lui ont au contraire inspiré des inquiétudes. Il est à noter que dès l'entrée en scène des députés dits « socialistes », il s'est produit comme un frisson d'appréhension. On crie toujours : « Vive la grève ! A bas la police ! » Mais on crie aussi : « Vive la Révolution sociale ! » et les gens paisibles qui forment la majorité traduisent par « vol, bouleversement, anarchie ».

Les descentes dans les mines ont augmenté. Aniche, Douchy dans le Nord ont repris le pic et la rivelaine ; l'Escarpelle a suivi lentement l'exemple. Dans le Pas-de-Calais, Ferfay a toujours travaillé. Vendin-lez-Béthune n'a chômé en partie que quelques jours. Carvin et Dourges qui ne se plaignaient pas n'ont pas cru devoir sacrifier plus longtemps que deux ou trois semaines aux faux dieux du syndicat. Marles, qui a toujours été bien traité, est rentré satisfait dans ses galeries. Un ingénieur intelligent lui a fait confectionner un carnet individuel très clair où s'établiront tous les comptes et décomptes personnels et qui sera remis à la fin de la quinzaine à chacun des ouvriers du fond. L'ouvrier le gardera huit jours et il aura le temps d'en vérifier l'exactitude. Le chef d'équipe échappera ainsi à tout soupçon de fraude et à toute tentation d'y succomber. Il est probable que ce livret sera adopté par toutes les compagnies. Il leur en coûtera un peu plus d'écritures, mais on ne pourra plus les accuser de voler les ouvriers.

Durant la période aiguë de la grève, les ingénieurs de l'Etat chargés de la surveillance et du contrôle durent à plusieurs reprises intervenir. Le plafond de quelques galeries « boisées » à la hâte s'effondrait sous le poids des terres ; des infiltrations menaçaient d'inonder quelques tailles, enfin, faute d'aérage le grisou s'accumulait dans les voies. L'autorité s'en était émue ; il fallait avant tout préserver la mine des accidents probables. La loi de 1810 en a remis le droit et le pouvoir entre les mains de ce corps des mines qui a de si glorieux litres à la reconnaissance des ouvriers. L'ingénieur de la circonscription d'Arras, M. Weiss, donna des ordres de réquisition qui n'eurent pas l'heur de plaire aux délégués du syndicat. Un maire refusa même de les exécuter. Il faut plaindre les maires dans ces circonstances difficiles. Pour remplir leurs devoirs, ils se trouvent souvent en opposition avec leurs électeurs. Les réquisitions n'en furent pas moins exécutées ;

mais il fallut conduire à la mine les ouvriers réquisitionnés entre deux haies de gendarmes, au milieu des huées poussées par les grévistes qui les appelaient ironiquement « les rétamés ». M. Basly, interrogé par un mineur sur ce droit de réquisition, dut reconnaître que ce droit était inscrit dans la loi de 1810, mais ajouta que « rien ne prouvait que les galeries d'Ostricourt, non plus que celles des autres mines fussent en danger, et que quant à lui, s'il était réquisitionné, il refuserait d'obéir ». M. Basly, n'étant plus mineur depuis longtemps, se trouvait à l'abri de toute réquisition ; mais ce n'aurait pas été la première fois qu'on eût vu un législateur refuser d'obéir à la loi.

Ces paroles sont mauvaises, ces exemples sont dangereux. Une population peu éclairée, à laquelle on parle souvent de ses droits et jamais de ses devoirs, incline aisément à se croire tout permis quand elle voit ses chefs afficher le mépris des lois. Elle traduit volontiers le mot de résistance par celui de violence, et traite en ennemis ceux qui ne s'associent point à leurs actes. Dans les réunions publiques jusque devant le prétoire, des hommes instruits, éloquents parfois, leur font entendre que le droit de faire grève s'étend au droit d'interdire à autrui de travailler. De là les patrouilles, les vociférations, les insultes aux soldats chargés de les contenir, les cris contre l'autorité, contre le gouvernement, les injures prodiguées à la justice ; de là les attaques contre les ouvriers libres, de là les explosions de dynamite. Ces excès redoublent au moment où les ouvriers courageux commencent à reprendre le chemin du travail. Le 5 octobre on constatait dans les mines une rentrée de 1187 ouvriers et aux concessions de Ferfay, de Vendin, le personnel était au complet. Le syndicat s'inquiète, il multiplie ses conférences, il s'assemble périodiquement à Lens, et chaque fois proclame la continuation de la grève. Des personnages étrangers à la contrée, des députés du centre, de la Seine, du Midi, adressent des plaintes aux ministres, il en est qui vont jusqu'à envoyer au ministre de la guerre une façon d'ultimatum pour qu'il retire ses troupes et laisse le champ libre aux énergumènes et aux brutales agressions des grévistes. Malgré ces efforts et des réunions quotidiennes, le nombre dos mineurs augmente à chaque descente. On en compte 3512 le 16 octobre ; il y en aura 7859 huit jours après. La grève touche à sa fin, il faut semer la terreur. Les discours deviennent de plus en plus enflammés, les explosions suivent de près les lettres de menaces. A Gauchin-le-Gal, village éloigné, au milieu des terres, un ouvrier qui a repris son travail voit sauter sa maison ; à Bruay, quatre explosions successives font redouter une catastrophe ; à Divion, sur une vingtaine d'ouvriers que ce village fournit à Bruay ou à Auchel, quinze avaient repris le pic. Une lettre anonyme les menace de la vengeance des grévistes ; le lendemain, il n'y en a plus que quatre au départ, quatre courageux. Il en est ainsi partout. Le pays gémit sous la terreur. Quand les bandes passent, fenêtres et portes se ferment ; les femmes avec leurs enfants se réfugient dans les caves. Là encore la dynamite les poursuit. A Givenchy-en-Gohelle, près des mines de Lens et de Liévin, deux gendarmes sont attaqués, frappés, l'un d'eux blessé grièvement. Assiégés dans la maison du garde, ils se défendent. Une balle va frapper parmi les assiégeants un pauvre garçon meunier d'une commune voisine qui est la proie des grévistes. Que venait faire ce blanc farinier au sein du pays noir ? Il faut le plaindre, il faut regretter ce douloureux événement, mais ce serait trop que de s'en étonner quand on entend les prédications des envoyés du syndicat. Efforts inutiles, au moment où nous écrivions ces lignes, le 31 octobre, sur une population très exactement de 32869 ouvriers du fond, il n'en manquait plus que 15201. Ce chiffre ira désormais en diminuant si la liberté du travail demeure assurée et surtout si les exploits de la dynamite sont énergiquement réprimés.

Le 3 novembre, il ne restait plus en grève que 7244 ouvriers du fond. Enfin, sous la pression des événements, le syndical se décide à clore la crise qu'il a suscitée ; il appelle une dernière fois les délégués à Lens, et le 4 novembre, il se résigne à faire voter la reprise du travail ; 38 voix se déclarent pour la reprise et 16 contre ; les délégués des mines où le travail est au complet refusent de prendre part au vote.

Dans le procès-verbal officiel de celle séance, le syndicat renouvelle ses revendications et ses violences ; il y ajoute même des menaces pour l'avenir. « La démonstration, dit-il, est faite une fois de plus que le travailleur n'a nulle amélioration de son sort à espérer, nulle équité à attendre que d'une révolution sociale. Cela nous ne l'oublierons pas. » C'est la culture donnée à la semence répandue par les orateurs parisiens. Qu'en adviendra-t-il de cet appel désespéré ?

Les mineurs se laisseront-ils éblouir par le mirage des moissons fantastiques qu'on leur promet ? Ou bien, mieux instruits sur la source des malheurs que la tyrannie de quelques-uns leur ont imposés, renieront-ils ces hommes qui les ont trompés ? Il sied ici de rappeler que les minorités audacieuses et violentes, quand elles ne sont pas tenues en échec dès la première heure, finissent trop souvent par imposer leur volonté.

Le syndicat, n'a pourtant pas voulu clore ses tristes opérations sans en adoucir les cuisants souvenirs par un acte de bienfaisance. Il a recueilli certaines sommes dont il se servait pour entretenir la grève. Ce qu'il en reste sera réparti par une commission spéciale entre les ouvriers renvoyés. On estime le nombre de ces ouvriers à 500 dans tout le bassin. La plupart étaient ces délégués et ces orateurs qui ont fomenté la grève. Les sociétés sont peu portées à conserver dans les rangs ces brandons de discorde ; elles ont le droit et même le devoir incontestable de s'en débarrasser. D'ordinaire les ouvriers congédiés se font cabaretiers. Il est probable que beaucoup suivront cette tradition ; pourtant, il ne se trouvera pas du jour au lendemain cinq cents maisons prêtes à les recevoir ; il faudra attendre, patienter et vivre. On viendra à leur secours ; mais, cette fois encore, les ressources du syndical étant minimes, les compagnies elles-mêmes n'hésiteront pas à combler le déficit. On peut être assuré que les misères les plus méritées trouveront grâce auprès de ces chefs et de ces administrations auxquels tant d'outrages ont été prodigués.

Toutefois, pour ce métier dur de mineur n'est-il rien à faire ? Le travail des mines n'est pas le seul qui fatigue et épuise l'homme avant l'âge. Les ouvriers boulangers ont aussi une vie pénible, et il est rare qu'ils dépassent lit quarantaine sans porter dans leur sein le germe d'une maladie mortelle. Ce rapprochement ne justifie pas l'oubli où l'on pourrait laisser des hommes en général honnêtes et laborieux dont le travail nous donne ce que l'on a appelé « le pain de l'industrie ». Il faut au moins leur assurer, sinon la vie la plus abondante, du moins la vie suffisante ; il faut surtout veiller sur leurs vieux jours, puisqu'ils n'y veillent pas eux-mêmes. Cette réflexion finale pour être développée nous entraînerait hors du cadre que nous nous sommes tracé. Nous avons voulu montrer seulement, en donnant une esquisse aussi exacte que possible de la grève récente, quelles causes multiples, variées, rapprochées ou lointaines avaient contribué à la faire éclater et à l'entretenir si longtemps, au grand dommage d'une industrie considérable, d'une contrée naguère florissante1 et plus encore d'une population ouvrière trompée, entraînée malgré elle à confondre ses intérêts économiques avec des intérêts politiques d'une valeur très discutables et des ambitions mal justifiées.

ISBN : 978-1987521801